LA CRISE FINANCIÈRE

LA

CRISE FINANCIÈRE

ABROGATION DE LA LOI DE 1807

AUGMENTATION

DU

CAPITAL DE LA BANQUE DE FRANCE

Par A. B.

PARIS

IMPRIMERIE ET LITHOGRAPHIE DE A. WITTERSHEIM,

RUE MONTMORENCY 8.

1857

LA

CRISE FINANCIÈRE

I

COUP D'ŒIL SUR LA SITUATION.

La prospérité du pays n'est pas en rapport avec la situation générale. — Pourquoi cela? — Tout
le monde voit le mal; mais d'où vient-il? — On se trompe généralement sur ce point.

Depuis quelque temps nous avons sous les yeux un spectacle qui étonne au plus
haut degré tout homme sérieux qui prend la peine d'y faire attention.

Nous jouissons depuis plus d'un an d'une paix bravement et honorablement con-
quise, et qui est d'autant mieux assurée que les conditions en ont été librement
discutées et volontairement acceptées par toutes les grandes puissances de l'Europe.

Le souverain que la France s'est donné a su, par sa sagesse, sa loyauté et son
désintéressement, détruite les préventions qu'avait fait naître sa glorieuse origine,
et se créer dans le conseil des nations civilisées une place exceptionnelle et d'autant
plus honorable qu'il la doit bien plus à l'ascendant moral qu'il a su exercer qu'à la
puissance matérielle dont il dispose.

Nous sommes donc, quant à nos relations avec les puissances étrangères, dans
une situation si bonne qu'on peut affirmer que jamais, en aucun temps, la France
n'a été sous ce rapport mieux placée qu'elle ne l'est aujourd'hui.

A l'intérieur, on voit régner partout un ordre si parfait qu'on croit rêver lorsqu'on
se rappelle les terribles désordres dont nous avons été, il y a quelques années à
peine, les témoins et les victimes. — L'industrie, aidée par la science, fait tous les
jours de nouveaux progrès ; elle a déjà réalisé bien des merveilles qu'on eût, il y a
vingt ans, taxées de chimères, et elle nous en promet bien d'autres. Malgré les difficultés de la situation présente , les engagements commerciaux se liquident avec

une exactitude sans précédents, ce qui est l'indice d'une situation forte et préparée pour l'expansion. Le Gouvernement étudie avec sollicitude et adopte avec empressement toutes les mesures qui lui paraissent propres à améliorer le sort des populations laborieuses; il abaisse progressivement et avec sagesse la barrière des douanes. Il s'efforce particulièrement de venir en aide à l'agriculture, cette mère-nourrice de 'ous les peuples, et il y a lieu d'espérer que ces efforts ne seront pas perdus.

Ainsi donc, à tous les points de vue, la France possède aujourd'hui tous les éléments d'une prospérité jusqu'ici sans exemple. Et cependant, cette prospérité future ue personne ne mettait en doute alors qu'on entrevoyait seulement dans le lointain s éléments qui devaient y donner naissance; cette prospérité, disons-nous, se fait la union de maintenant attendre malgré tous les éléments qui devaient la constituer.

C'est cet état des choses (état qui semble donner un démenti à la conscience unirselle) qui est pour l'observateur un profond sujet d'étonnement.

A quoi tient donc cette situation bizarre ? Et par quelle puissance occulte tous les éments de prospérité que nous venons de rappeler se trouvent-ils paralysés ?

Cette situation est, selon nous, le résultat d'un tout petit fait, d'un fait qui, en parence, a si peu d'importance par lui-même, que personne ne songe à lui attri- ier la responsabilité des funestes conséquences qu'il entraine. Tout le monde voit s conséquences et les déplore. mais on se trompe généralement sur leur origine ; est ce qui explique pourquoi les nombreux moyens proposés jusqu'ici pour remé- ier au mal visible n'ont obtenu aucun succès : on ne peut en effet guérir un mal u'en l'attaquant dans sa racine.

Frappé de cette vérité, nous venons, à notre tour, donner notre coup d'épaule pour ssayer de remettre en marche le char de la prospérité nationale, qui nous paraît irrêté par un grain de sable. Remontant des effets aux causes, nous espérons mettre à découvert la racine du mal et démontrer que pour le guérir il suffirait de le vouloir.

Le mal apparent, le mal dont tout le monde se plaint, celui qui empêche la prospérité générale de prendre son essor, c'est la *crise financière* qui depuis plus de trois ans pèse sur la France.

C'est elle en effet qui déprime le cours de la rente ;

C'est elle qui a forcé le Gouvernement à élever à un taux tout à fait anormal l'intérêt des bons du Trésor ;

C'est elle qui prive de tout crédit les meilleures valeurs industrielles ;

C'est elle qui maintient à 6 pour 100 le taux de l'escompte à la Banque de France ;

C'est elle qui a fait raccourcir le terme du papier escomptable ;

C'est elle qui fait parfois repousser de la Banque des signatures qui n'ont jamais été compromises ; d'où il résulte que le commerce et l'industrie ne sachant plus sur quoi compter, préfèrent s'abstenir plutôt que de s'exposer à se mettre dans l'embarras en basant leurs opérations sur un crédit qui peut à tout instant leur faire défaut.

Cette crise financière, que rien ne justifie, est donc la lèpre qu'il faut **guérir** ; tout le monde est d'accord sur ce point. Mais, pour cicatriser cette plaie, il faut commencer par rechercher ce qui l'a fait naître, afin de détruire le germe du mal ; en agir autrement, ce serait s'exposer à renfermer, comme on dit, le loup dans la bergerie, c'est-à-dire à aggraver la position au lieu de l'améliorer. Or, cette recherche de l'origine du mal nous paraît être demeurée jusqu'à ce jour tout à fait infructueuse, car parmi les remèdes proposés nous ne voyons que des palliatifs ou des répercussifs plus dangereux que salutaires.

* * *

II

CAUSES AUXQUELLES ON ATTRIBUE GÉNÉRALEMENT LA CRISE.

Les mauvaises récoltes, — la guerre d'orient, — l'exportation du numéraire pour les grandes-indes, — le développement du commerce et de l'industrie, — ne sont pas la cause première de la caisse financière.

On a d'abord attribué la crise financière aux mauvaises récoltes ;
On l'a mise ensuite sur le compte de la guerre d'Orient ;

Et enfin on en rend aujourd'hui responsable l'exportation du numéraire pour l'Inde et la Chine ;

C'est-à-dire que, en tout état de cause, on admet comme prouvé, en fait, que la crise financière est le résultat de la disparition ou au moins de la diminution du numéraire.

Nous allons démontrer que cette appréciation est erronée ; car bien que ce soit à l'occasion des faits que nous venons d'indiquer que la crise se soit manifestée, on ne peut pas raisonnablement les accuser d'être la cause de cette crise.

1° *Les mauvaises récoltes.*

Les mauvaises récoltes de ces dernières années nous ont mis dans la nécessité d'aller chercher à l'étranger les moyens de combler le déficit de la production nationale. Il a fallu faire au dehors des achats considérables de grains que nous avons dû payer en espèces. Cela a donc fait sortir de France une certaine somme de numéraire. Il est vraisemblable, pourtant, que cette circonstance a dû contribuer au développement de notre commerce d'exportation, et l'on est fondé à croire que les pays qui ont reçu notre argent en échange de leurs céréales nous ont renvoyé une partie partie de cet argent; car se trouvant par ce fait plus à l'aise, ils ont dû consommer une plus gr n de quantité de nos produits manufacturés.

Il ne serait donc pas déraisonnable de prétendre que nous avons, en partie, repris d'une main ce que nous donnions de l'autre; mais nous voulons mettre lés choses au pis, et nous admettons que cette compensation partielle n'ait pas eu lieu; nous admettons que tout l'argent employé à l'achat des céréales soit bien et dûmen. sorti de France et n'y soit jamais rentré, et nous disons que la seule conclusion logique qu'on puisse tirer de ce fait, c'est que la somme du numéraire circulant en France en a été diminuée d'autant. — Or, si nous prouvons que la crise financière a une tout autre cause que la rareté du numéraire dans la circulation; si nous prouvons que sans augmenter la somme du numéraire circulant actuellement en France, on peut faire disparaître cette crise et ramener pour toujours l'escompte au taux uniforme de 4 p. 100, nous serons fondé à dire que la crise financière actuelle ne doit pas être attribuée aux mauvaises récoltes de ces dernières années.

2° *La guerre d'Orient.*

La guerre d'Orient est-elle plus coupable que la crise alimentaire? Peut-on l'accuser d'avoir enfanté la crise financière?

La guerre d'Orient a, sans doute, entraîné de grandes dépenses, mais ces dépenses ont, pour la majeure partie, profité à l'industrie nationale; on ne peut donc pas dire que cette partie de dépenses ait eu sur notre situation financière une influence défavorable. Restent les dépenses faites à l'étranger : en supposant qu'elles aient été sans compensation, et en les estimant aussi haut qu'on voudra, on ne peut pas faire qu'elles aient eu sur la situation financière de notre pays une influence autre que celle qui pouvait résulter de l'exportation du numéraire. Or, si l'exportation du numéraire n'est pour rien dans la crise, si, au moins, elle n'en est que l'occasion et non la cause, on devra reconnaître que la guerre d'Orient ne doit pas porter la responsabilité du mal que nous endurons.

Un coup d'œil impartial jeté autour de nous suffirait, en dehors de toute autre considération, pour faire absoudre la crise alimentaire et la guerre d'Orient du reproche qu'on leur adresse trop légèrement. Les États-Unis n'ont eu ni mauvaises récoltes, ni guerre d'Orient ; l'Allemagne, si voisine de nous, n'a pas eu à souffrir beaucoup plus que les États-Unis de la guerre et des mauvaises récoltes ; et pourtant les États-Unis et l'Allemagne ont eu et ont encore leur crise financière.

3° *L'exportation pour l'Inde.*

Quant à l'exportation du numéraire pour la Chine et les Grandes-Indes, peu importe qu'elle ait eu lieu en vue de faciliter l'achat de certaines marchandises ou simplement par suite d'une spéculation sur les métaux précieux, son résultat est le même, et ce résultat se confond avec celui qu'on reproche à la crise alimentaire et à la guerre d'Orient : c'est toujours la raréfication des espèces en France.

Les mauvaises récoltes, la guerre d'Orient et l'exportation pour l'Inde, sont trois accusés prévenus de complicité dans un même fait présumé coupable ; il n'y a donc qu'une seule cause à instruire, et si le fait qu'on leur reproche est non-seulement inoffensif mais encore salutaire et bienfaisant, il faudra bien les renvoyer absous et chercher ailleurs la cause du mal qu'on veut détruire.

Le fait reproché aux accusés (l'exportation du numéraire) étant constant, reconnu, avoué, il n'y a pas à discuter sur son existence ; c'est un point acquis aux débats ; il s'agit seulement d'établir les conséquences qui en dérivent et la question à juger peut être posée en ces termes :

« La crise financière est-elle le résultat de la raréfication du numéraire produite » par l'exportation ? »

Nous répondrons hardiment : Non.

Non, car le numéraire n'est pas plus rare aujourd'hui dans la circulation qu'il ne l'était à des époques où nous avons vu le 5 p. 100 au-dessus de 86 fr., le 5 p. 100 au-dessus de 125 fr., l'escompte des effets de commerce à 3 p. 100 et la réserve métallique de la Banque supérieure au chiffre de ses billets de circulation. Non, car la cause de la crise est un mal organique, et par conséquent antérieure à l'exportation accidentelle dont on se plaint aujourd'hui. Ce mal organique n'existe pas seulement en France, il existe partout où il y a des institutions de crédit, et ce n'est pas la première fois qu'il se manifeste. On l'a vu se produire tantôt dans un pays, chez nous, c'est en partie l'exportation du numéraire qui exerce cette pression ; mais le caustique qui fait aboutir un mal interne doit-il être pris pour ce mal lui-même· Et suffit-il d'enlever le caustique pour guérir le mal ? |Quand un mal existe ne vaut-il pas mieux qu'il soit mis en évidence que de rester caché ? N'est-ce pas le seul moyen de travailler à la guérison ? Et ne voit-on pas que les crises financières sont de plus en plus fréquentes et qu'elles menacent de devenir chroniques et universelles si on ne se hâte d'y remédier ?

En mettant le mal en évidence, l'exportation du numéraire nous a donc rendu un premier service. Mais ce service n'est pas le seul qu'elle ait rendu à la France et à l'Europe. Si tous les métaux précieux qui ont pris depuis dix ans le chemin de notre pays s'y étaient accumulés, nous serions aujourd'hui au milieu d'une crise monétaire bien autrement grave que la crise financière, car il ne serait pas aussi facile d'en sortir. L'abondance exagérée des métaux précieux eût infailliblement amené une perturbation dont les conséquences auraient été d'autant plus désastreuses que nous y étions moins préparés. L'exportation du numéraire pour l'Orient et les Grandes-Indes est une compensation providentielle de la découverte des mines de l'Australie et de la Californie, car en maintenant provisoirement l'équilibre qui, sans elle, eût été brusquement rompu, elle nous donne le temps d'aviser ; et, par cela seul, elle nous rend un immense service. Nous devrions donc la bénir au lieu de l'accuser de nos maux.

Quand nous disons que l'exportation du numéraire a maintenu l'équilibre, nous n'entendons pas que l'exportation a été égale à l'importation ; nous voulons seulement constater qu'elle a conjuré, en partie, les désordres qui seraient forcément résultés d'une importation aussi considérable que celle qui a eu lieu depuis quelques années , si cette importation avait eu lieu sans compensation. Mais la compensation , bien que momentanément suffisante pour prévenir un désordre instantané , n'est cependant pas un préservatif absolu , et il serait prudent de se mettre en mesure de n'avoir rien à redouter de l'invasion des métaux précieux. L'exportation du numéraire durera longtemps encore, nous l'espérons du moins, mais une cause quelconque ne peut-elle pas la faire cesser subitement ? et d'ailleurs ne perd-elle pas tous les jours du terrain ?

Pour se rendre compte de la vérité sur ce dernier po nt, il suffit de consulter les tableaux officiels des Douanes ; on y voit que depuis dix ans il est entré en France, aussi bien qu'en Angleterre et dans le reste de l'Europe, beaucoup plus de métaux précieux qu'il n'en est sorti.

Cette vérité officielle, que personne ne saurait raisonnablement révoquer en tantôt dans un autre, sous la pression des circonstances les plus diverses. Aujourd'hui doute, met à néant l'accusation portée contre l'exportation du numéraire d'être la cause de la crise financière actuelle.

En effet, si dans les dix dernières années, l'importation a excédé l'exportation, il s'ensuit naturellement que nous avons en France et dans tout le reste de l'Europe plus de numéraire que nous n'en avions il y a dix ans. Si le numéraire va constamment en augmentant chez nous aussi bien que chez nos voisins, ce n'est donc pas à sa rareté qu'on doit attribuer la crise financière actuelle. Si l'exportation du numéraire n'a pas produit, jusqu'ici, la rareté, c'est donc que son action ne s'est exercée jusqu'ici que sur le trop plein de notre circulation : comment contester alors qu'elle ne nous ait rendu un grand service, sans nous causer aucun tort ?

4° Le développement du commerce et de l'industrie.

Il est un autre fait sur lequel on pourrait, avec plus d'apparence de raison, mais sans plus de fondement réel, faire peser la responsabilité de la crise financière. Ce fait, c'est le développement progressif du commerce et de l'industrie. Sans aucun doute, ce développement a contribué dans une forte proportion à faire éclater la crise, mais cela prouve-t-il qu'il soit la cause de cette crise ? Evidemment si nous n'avions ni commerce ni industrie, nous ne subirions jamais de crise financière. Il est vrai qu'il s'est trouvé des économistes qui, dans le but de supprimer les crises alimentaires, ont eu l'affreuse idée de proposer la suppression des bouches qui consomment ! mais heureusement pour l'honneur de l'humanité, de pareilles doctrines n'ont plus cours aujourd'hui.

L'exportation du numéraire et le développement du commerce et de l'industrie ont été l'occasion de la crise, mais cette crise peut disparaître sans que l'exportation cesse de balancer l'importation, sans que le commerce et l'industrie cessent d'obéir à la loi naturelle du progrès ; ils ne sont donc pas la cause du mal. Cette cause est ailleurs ; elle réside dans l'imperfection des institutions de crédit qui ne sont plus en harmonie avec les besoins actuels de la circulation.

L'harmonie a cessé d'exister, cela n'est pas douteux. Pourquoi a-t-elle cessé d'exister ? Parce que le commerce et l'industrie ont progressé pendant que les institutions de crédit sont restées stationnaires. Faut-il, pour rétablir cette harmonie, faire rétrograder le commerce et l'industrie, et renoncer aux conquêtes dont notre siècle s'honore avec juste raison ? ou bien ne vaut-il pas mieux que les institutions de crédit entrent enfin elles-mêmes dans la voie du progrès ? Le rétablissement de l'harmonie doit-il se faire en reculant ou en avançant ?

Depuis un demi-siècle, le commerce et l'industrie ont marché à pas de géant, et les institutions de crédit sont restées complètement stationnaires ; il est bien temps enfin que ces insitutions, qui n'ont par elles-mêmes aucune raison d'être, qui n'ont été créées qu'en vue de l'intérêt général, et qui ne sont à proprement parler que les serviteurs chèrement gagés du commerce et de l'industrie, se mettent en mesure de remplir convenablement leur mission. Il est bien temps de faire cesser ce scandale de serviteurs faisant la loi à ceux qu'ils doivent servir et se faisant payer d'autant plus cher qu'ils rendent moins de services.

Nous croyons qu'à cet égard tout le monde est à peu près d'accord ; on convient généralement qu'il y a quelque chose à faire ; les institutions de crédit, seules, se croient dans la nécessité de défendre le *statu quo* ; cela n'est peut-être pas tout à fait désintéressé, car les dividendes de la Banque ne sont jamais si beaux que quand le commerce et l'industrie sont en souffrance. Cette considération des dividendes a bien son importance, mais elle n'est selon nous que de second ordre ; l'intérêt général doit passer avant elle, et comme l'intérêt général exige un progrès, il faudra bien que ce progrès se réalise.

Cependant, de ce qu'il est reconnu qu'il y a quelque chose à faire, il ne s'ensuit pas qu'on doive s'arrêter à la première combinaison venue, dans le seul but de donner un semblant de satisfaction à l'opinion publique, en faisant de la nouveauté. Nous croyons, au contraire, pour notre part, qu'en pareille matière, on ne saurait procéder avec trop de circonspection. Sans doute, lorsqu'on aura trouvé un moyen efficace de remédier au mal, il faudra l'employer franchement, résolument, sans hésitation et le plutôt possible ; mais jusque là il est prudent de s'abstenir, car le *statu quo*, tout déplorable qu'il soit, est encore préférable à la situation qui résulterait d'un changement inopportun ou simplemeut inefficace.

Ceci nous conduit à l'examen des moyens proposés pour remédier à la crise financière.

III

L'abrogation de la loi de 1807 sur le taux de l'intérêt et l'augmentation du capital de la Banque.
Ne seraient qu'augmenter le mal au lieu de le détruire.

Partant de cette supposition que la crise est le résultat de l'exportation du numéraire, et voyant que les mesures prises par la Banque (l'élévation des taux de l'escompte à 6 p. 100 et l'achat des lingots à l'étranger) ne suffisent pas pour détruire le mal, on a proposé d'abroger la loi de 1807 sur le taux de l'intérêt, afin de permettre à la Banque d'élever indéfiniment le taux de l'escompte, et de lui fournir ainsi, dit-on, les moyens d'agir plus énergiquement.

D'autres personnes, s'écartant un peu de cet ordre d'idées, ont attribué la plus grande part du mal à l'insuffisance du capital de la Banque de France et ont proposé comme remède l'augmentation pure et simple de ce capital au moyen d'une émission d'actions.

Plusieurs autres combinaisons ont été proposées, mais comme elles ne paraissent pas avoir trouvé d'adhérents, nous ne nous y arrêterons pas ; nous nous bornerons à discuter celles que nous venons de rappeler.

Nous savons qu'en abordant cette discussion, nous serons, tout d'abord, en opposition avec le sentiment général ; c'est précisément cette considération qui nous a fait prendre la plume ; il nous a paru nécessaire de combattre des illusions malheureusement trop répandues et qui seraient dangereuses si on cédait à leur entraînement.

1° *Abrogation de la loi de 1807.*

L'abrogation de la loi de 1807, qui limite le taux de l'intérêt, n'a pas seulement été proposée par des publicistes dont le rôle est de mettre en évidence toute idée qui peut avoir du bon, sauf à la laisser tomber dans l'oubli si elle ne soutient pas un examen sérieux ; elle a été réclamée par la Chambre de commerce d'une de nos plus grandes villes ; ce patronage imposant lui donne une importance exceptionnelle qui rend particulièrement nécessaire une réfutation sérieuse.

Cette abrogation est réclamée en vertu du raisonnement que voici :

« Lorsqu'une marchandise est rare et demandée, son prix s'élève, et quiconque

» veut s'en procurer doit se décider à la payer au cours du marché ; on trouve
» cela tout naturel, et personne ne songe à s'en plaindre. — Le numéraire est une
» marchandise comme une autre ; quand il devient rare, son prix doit naturelle-
» ment augmenter. — Pourquoi ne pas permettre que son prix se nivelle selon les
» besoins de l'offre et de la demande ? Pourquoi entraver le commerce de cette
» marchandise par une loi de *maximum* qui serait trouvée très-mauvaise si on l'ap-
» pliquait à toute autre denrée ? Qu'on abolisse la loi de 1807 qui entrave la circu-
» lation du numéraire et les crises financières disparaîtront. »

Ce raisonnement est assez spécieux, et au premier abord il paraît fort juste, c'est précisément ce qui le rend dangereux. Une erreur qui a toutes les apparences de la vérité est bien plus dangereuse qu'une erreur palpable et grossière. Eh bien ! nous n'hésitons pas à dire que ce raisonnement est tout ce qu'il y a de plus contraire à la vérité, car il renferme presque autant d'erreurs que de mots ; nous allons le démontrer.

Signalons d'abord une confusion qui serait incroyable si on ne la voyait se renouveler tous les jours, si on ne la voyait constamment proposée et acceptée avec la plus entière bonne foi. Cette confusion est celle que l'on fait du *prix* du numéraire avec le *loyer* du numéraire.

Le *prix* du numéraire, c'est sa valeur vénale, sa valeur intrinsèque. Le *loyer* du numéraire, c'est l'intérêt.

Le prix du numéraire est entièrement libre, il n'est entravé par aucune loi de *maximum* ; chacun peut en acheter et vendre comme bon lui semble. Le taux du *loyer*, c'est-à-dire de l'intérêt, est seul réglé par la loi de 1807, et ce n'est pas sans raison, nous le verrons plus loin. Pour toutes les marchandises, excepté pour le numéraire, le prix du loyer est proportionné à la valeur vénale de la chose louée, eu égard à la détérioration que peut occasionner l'usage ; si la valeur vénale augmente, le prix du loyer augmente dans une proportion correspondante ; si la valeur vénale diminue, le prix du loyer diminue dans la même proportion, et c'est justice. Pour le numéraire, il n'en est pas ainsi ; le rapport entre la valeur vénale et le prix du loyer n'a rien de stable. Ainsi, pour ne nous occuper que de ce qui se passe aujourd'hui, le loyer d'une certaine quantité d'or se paye en ce moment 6 fr. au lieu de 5 fr. qu'il s'est payé en d'autres temps (le tout pour une année de jouissance) ; ce loyer a donc doublé, tandis que la valeur vénale de cette même quantité d'or, bien loin d'avoir augmenté dans la même proportion, a, au contraire, sensiblement baissé. Ce simple rapprochement prouve qu'il n'y a rien de commun entre le prix du numéraire et le taux de l'intérêt, et que les causes qui font varier arbitrairement ce dernier sont tout à fait indépendantes du premier. Nous dirons tout à l'heure quelles sont ces causes qui justifient l'intervention de la loi de 1807.

Cette confusion signalée, nous allons continuer notre examen.

Nous avons déjà dit que les états officiels constatent que depuis dix ans il est entré en France plus de numéraire qu'il n'en est sorti ; ce témoignage nous paraît irrécusable ; toutefois nous savons que certaines personnes n'accordent qu'une confiance très-limitée aux états officiels, surtout quand ils contrarient leur manière de voir ; à ces personnes nous dirons : Regardez autour de vous ; est-ce que dans les relations ordinaires de la vie on se plaint de la rareté du numéraire ? Est-ce qu'il ne circule pas en quantité suffisante pour les besoins de la population ? Est-ce que le boucher, le boulanger, l'épicier se plaignent de l'absence du numéraire ? Consultez le thermomètre que vous avez choisi vous-même. Vous prétendez, avec raison, que quand une marchandise est rare et demandée, son prix doit naturellement s'élever : dites-nous si ce thermomètre n'accuse pas l'abondance plutôt que la rareté, puisque un poids donné de la matière qui constitue le numéraire est aujourd'hui moins cher qu'il ne l'a jamais été.

Le raisonnement sur lequel on se fonde pour demander l'abrogation de la loi de 1807 péche donc par la base, car le numéraire n'est pas plus rare dans la circulation qu'il ne l'était avant la crise. — Le numéraire *n'est rare que dans les coffres de la Banque*, et c'est précisément cette *rareté locale* qui produit tout le mal. Nous expliquerons plus loin ce qui occasionne cette *rareté locale*; mais avant, nous devons examiner si l'abrogation de la loi de 1807 et l'élévation du taux de l'intérêt pourraient ramener le numéraire à la Banque et faire cesser la crise.

Nous n'hésitons pas à déclarer que, dans notre opinion, *on ne gagnerait absolument rien* à l'abrogation de la loi de 1807, et nous ajouterons même que cette mesure serait fort dangereuse, car aucun résultat favorable ne devant en découler, la déception viendrait nécessairement ajouter de nouveaux embarras à ceux qu'on aurait inutilement cherché à combattre.

Quand nous disons : *on ne gagnerait rien*, nous voulons dire que le public n'y gagnerait rien, car il est évident que si, au lieu d'escompter à 6 p. 100, la Banque pouvait demander 8 ou 10 p. 100, elle trouverait là un moyen facile de grossir encore ses bénéfices, déjà bien raisonnables. Mais nous ne présumons pas que les honorables Chambres de commerce qui demandent l'abrogation de la loi de 1807 aient en vue de grossir les dividendes des actionnaires de la Banque ; ce qu'elles ont en vue, c'est certainement l'intérêt général ; ce qu'elles veulent, c'est que le commerce trouve à la Banque toutes les facilités d'escompte qui lui sont nécessaires, dût-il les payer plus cher encoce qu'il ne les paye aujourd'hui.

Or, si nous démontrons que l'abrogation de la loi de 1807 et l'élévation du taux de l'intérêt auraient pour unique résultat d'augmenter les bénéfices de la Banque, sans mettre un billet de mille francs de plus à la disposition du commerce, nous serons fondé à répéter *qu'on* ne gagnerait absolument rien en décrétant cette abrogation.

Essayons cette démonstration.

D'après son organisation actuelle, la Banque de France doit toujours avoir dans ses caves une somme de numéraire égale au tiers de la valeur de ses billets de circulation. Lorsque l'encaisse métallique est abondant, la Banque est large dans ses escomptes ; elle baisse le taux et allonge le terme de manière à attirer la valeur escomptable, afin d'utiliser les billets de circulation qu'elle est en droit d'émettre. Mais à mesure que l'encaisse métallique diminue, la Banque doit se montrer plus circonspecte ; et s'il arrive que cet encaisse se trouve un jour inférieur au tiers des billets en circulation, tous les efforts de la Banque doivent tendre à maintenir l'équilibre obligé. Pour atteindre ce but, elle a recours à deux moyens : d'abord elle recherche le numéraire, elle en achète même au besoin, pour augmenter son encaisse ; et si ce premier moyen ne suffit pas, il faut qu'elle avise, comme second moyen, à restreindre la circulation de ses billets.

L'élévation du taux de l'escompte et la diminution du terme n'ont pas d'autre but que de diminuer la circulation des billets de la Banque, ou au moins de l'empêcher d'augmenter. La Banque ne peut pas fermer sa porte ; elle ne peut pas dire : Je n'escompte pas ; mais elle fait tout ce qu'elle peut pour escompter le moins possible. Si elle pouvait porter son escompte à 8 ou 10 p. 100 au lieu de 6 p. 100, il est probable qu'elle le ferait dans l'espoir de voir diminuer le nombre des effets présentés à l'escompte. Mais est-ce bien là le but que se proposent d'atteindre les personnes qui demandent l'abrogation de la loi de 1807 ? C'est évidemment le contraire.

Nous répétons donc que le public ne gagnerait rien à l'élévation du taux de l'escompte, car il n'aurait aucune facilité de plus. Nous ajouterons même qu'il y perdrait quelque chose, car lorsque le commerce a des besoins il ne regarde pas à 1 ou 2 p. 100 de plus ; il subit la loi qui lui est faite plutôt que de manquer à ses engagements ; et il y a toujours des engagements impérieux auxquels il faut faire face, coûte que coûte. Si la Banque élevait le taux de son escompte à 8 p. 100 au lieu de 6 p. 100, nous croyons qu'elle n'escompterait pas beaucoup moins qu'aujourd'hui ; seulement elle gagnerait 2 p. 100 de plus, et c'est le commerce qui les paierait.

Voilà quel serait bien certainement le seul résultat de l'abrogation de la loi de 1807.

« Mais, nous dira-t-on, si la Banque pouvait élever le taux de l'escompte à 8 ou
» 10 p. 100, cela attirerait en France les capitaux étrangers ; et puis, la Banque
» faisant des bénéfices considérables, pourrait au besoin faire de plus grands sacri-
» fices pour acheter des espèces. »

La première partie de cette objection est réfutée par les faits. La plupart des Banques de l'Europe n'ont pas à compter avec la loi de 1807 ; cela les empêche-t-il d'éprouver les mêmes embarras que la Banque de France ? Quand le taux de l'escompte est augmenté sur une place importante, toutes les autres places ne suivent-elles pas immédiatement l'exemple qui leur est donné ? Donc l'élévation du taux de l'escompte, comme moyen d'attirer les capitaux étrangers, ne peut avoir une efficacité réelle et durable.

Quant à la seconde partie de l'objection posée, nous ne croyons pas qu'il soit permis de s'y arrêter. Nous sommes persuadé que la Banque ne recule devant aucun sacrifice, et que si elle reste dans la position que chacun voit, c'est parce qu'il lui est matériellement impossible d'en sortir, dans l'état actuel de son organisation. Prétendre qu'avec des sacrifices plus considérables la Banque pourrait faire mieux, ce serait l'accuser de méconnaître le but de son institution, de faire passer l'intérêt de ses actionnaires avant l'intérêt général. La conduite de la Banque n'a jamais autorisé une pareille supposition. La Banque ne se croit certainement pas dans l'obligation de distribuer à ses actionnaires un dividende de 25 ou 30 p. 100 par an ; et nous sommes convaincu que si pour se mettre en mesure de rendre plus de services au public il ne lui fallait que sacrifier la moitié de ce dividende, elle n'hésiterait pas à faire ce sacrifice.

Non-seulement nous croyons que la Banque fait tout ce qu'elle peut pour attirer le numéraire, mais nous avons la certitude que plus elle ferait pour cela de sacrifices, plus elle éloignerait le but qu'elle veut atteindre. Cette assertion paraît bizarre ; cela ne l'empêche pas d'être exacte.

Que fait la Banque lorsqu'elle paye une prime pour attirer le numéraire dans ses coffres ? Elle crée une spéculation qui va directement contre le but qu'elle se propose. En effet, la Banque achetant à prime le numéraire qu'elle donne ensuite au pair, rien n'est si simple que d'établir sur cette donnée une opération fort lucrative ne présentant aucune chance aléatoire et qu'on peut renouveler tous les jours. Celui qui a vendu du numéraire à la Banque moyennant une prime convenue, peut le lendemain, le jour même, retirer ce numéraire de la Banque sans avoir rien à payer ; c'est-à-dire qu'il peut reprendre de la main gauche ce qu'il donne de la main droite, et pour faire cette opération on lui paye une prime. N'est-il pas évident que plus la prime serait élevée, plus on trouverait de gens disposés à faire ce trafic ; d'où il résulte que plus la Banque ferait de sacrifices pour acheter les espèces, moins elle réussirait à maintenir les espèces dans ses coffres, car la prime qu'elle donne en pareil cas est un encouragement à la sortie ; donc plus l'encouragement serait grand, plus la sortie serait considérable. Une Banque du système actuel qui entreprend de remplir ses coffres par l'achat à prime du numéraire, entreprend une tâche plus difficile que celle des filles de Danaüs.

Nous nous résumons : l'abrogation de la loi de 1807 serait une mesure inutile en elle-même, car elle ne donnerait pas à la Banque la possibilité de faire plus qu'elle fait aujourd'hui ; elle serait une mesure dangereuse, car sans augmenter les ressources de la Banque, elle augmenterait considérablement les exigences du public vis-à-vis d'elle.

Il est donc important d'éclairer les esprits à cet égard, afin qu'ils ne s'habituent pas à regarder comme un remède souverain, une mesure qui serait en réalité plus nuisible que profitable si la pression de l'opinion publique réussissait à l'imposer.

Non, mille fois non, l'abrogation de la loi de 1807 n'apporterait aucun remède à la situation actuelle des choses, car elle n'augmenterait pas les facilités de l'escompte. Ce qu'il faut rechercher, ce n'est pas le moyen d'augmenter le taux de l'escompte, c'est le moyen d'augmenter le chiffre des escomptes. Ce moyen, on peut et on doit le trouver, tout en maintenant le taux de l'escompte dans les limites assez larges de la loi de 1807 ; mais pour le trouver il faut le demander à une réforme sérieuse et non à des expédients.

2° *Augmentation du capital de la Banque.*

Nous venons de démontrer que l'abrogation de la loi de 1807 n'amènerait aucun résultat utile ; nous allons prouver maintenant que l'augmentation du capital de la Banque ne produirait rien de mieux. Malgré la sympathie presque universelle que rencontre cette combinaison, nous ne craignons pas de répéter encore : ce serait là un expédient plus dangereux que profitable.

Nous ne discuterons pas le bruit public si dénué de fondement et pourtant si répandu, qui prête au gouvernement l'intention d'exiger que l'augmentation du capital soit employée en bons du Trésor ou en rentes sur l'État ; après ce que nous avons vu dans ces dernières années, une pareille opinion ne mérite pas qu'on la refute. Nous admettons, au contraire, que si la Banque augmentait son capital et le portait comme on le dit à 200 millions, cette augmentation serait consacrée exclusivement à améliorer ses rapports avec le public, et nous disons que, même dans ce cas, ce ne serait pas seulement une mesure sans portée, ce serait encore un remède dangereux dont le seul résultat serait d'aggraver le mal sans produire *aucun bien.*

Ce remède serait dangereux et aggraverait le mal, parce que si le capital de la Banque était porté de 91 millions à 200 millions, cela jetterait immédiatement sur la place, et sans nécessité, pour 109 millions de nouvelles actions qui augmenteraient d'autant la masse des valeurs flottantes. Le marché s'en ressentirait nécessairement d'une manière fâcheuse, car enfin pour verser à la Banque ces 109 millions, il faudrait bien les prendre quelque part, on vendrait d'autres valeurs pour une somme égale et par conséquent le marché des autres valeurs en serait nécessairement affecté.

Ce faux remède serait surtout dangereux, parce que le public semble en attendre un bon résultat; si la Banque de France augmentait son capital, il faudrait de toute nécessité que, pour satisfaire l'opinion publique, elle adoptât immédiatement quelques mesures propres à démontrer qu'elle a elle-même confiance dans l'efficacité de ce remède; elle ne pourrait pas faire moins que de réduire le taux de l'escompte à 4 p. 100 et d'accepter les effets à quatre-vingt-dix jours.

Si après l'augmentation de son capital, la Banque n'adoptait pas, au moins ces deux mesures, sa position serait moralement plus mauvaise qu'elle ne l'est aujourd'hui, car les plaintes dirigées contre elle deviendraient plus vives et on se demanderait à quoi aurait servi cette augmentation de capital.

Si au contraire la Banque adoptait les deux mesures dont nous venons de parler, il nous paraît évident que sa position financière deviendrait bientôt plus critique qu'elle ne l'est actuellement, — ou bien, alors, il faudrait dire qu'elle a eu tort de prendre toutes les mesures restrictives auxquelles elle a eu recours dans ces derniers temps; car l'augmentation de son capital, aussi considérable qu'on veuille la supposer (si elle avait lieu sans autre modification dans son organisation), ne lui fournirait pas le plus léger secours pour sortir des embarras contre lesquels elle lutte depuis trop longtemps.

Nous ne craignons pas de l'affirmer, le capital de la Banque fût-il porté à 500 millions, que cela ne changerait rien, absolument rien, à la situation de la Banque vis-à-vis du public.

C'est là, nous le savons, une assertion contraire à l'opinion générale; elle n'en est pas moins exacte. Un simple raisonnement démontrera la vérité de notre affirmation.

Si la Banque a augmenté le taux et réduit le terme de ses escomptes, pour arriver à escompter le moins possible, ce n'est pas qu'elle manque de la valeur qu'elle donne habituellement en échange des effets escomptés; cette valeur ne lui fait jamais défaut puisqu'elle la crée elle-même à volonté. — Mais si la Banque est souveraine absolue en ce qui concerne la création de ses billets, il n'en est plus de même lorsqu'il s'agit de mettre ses billets en circulation, l'usage veut qu'elle ait toujours une réserve métallique au moins égale au tiers de ses billets en circulation doù il résulte que quand la masse des billets circulant atteint un chiffre égal à trois fois le montant de sa réserve métallique, la Banque ne peut pas régulièrement en émettre un plus grand nombre. Or, si aujourd'hui la Banque est obligée de restreindre ses opérations, ce n'est pas parceque'elle manque de billets de banque, mais c'est uniquement parce que son encaisse métallique reste constamment inférieur au tiers de ses billets émis.

Depuis quelque temps la Banque ne pouvant, malgré tous ses efforts , retenir les espèces dans ses coffres, se voit par cela même contrainte de limiter l'émission de ses billets, afin de ne pas déranger l'équilibre reconnu nécessaire : et pour la Banque restreindre l'émission de ses billets c'est restreindre ses relations avec le public ; — donc la difficulté de maintenir l'équilibre entre la réserve métallique et la circulation des billets est la seule canse des embarras actuels ; — donc, pour détruire le mal, c'est à cette cause qu'il faut s'attaquer.

Voyons si l'augmentation du capital de la Banque peut remédier à ce mal en faisant cesser ou seulement en diminuant la difficulté de maintenir l'équilibre entre la réserve métallique et les billets en circulation.

Nous supposons que la Banque porte, comme on le dit, son capital à 200 millions; ce sera une augmention d'environ 109 millions sur son capital actuel; elle émettra pour 109 millions de nouvelles actions et elle trouvera immédiaiement 109 millions en espèces ou en billets, cela n'est pas douteux. Mais ces epèces ou ces billets, d'où viendront-ils? ils ne sortiront pas de terre; ils sortiront des mains des particuliers ; ils seront retirés momentanément de la circulation pour entrer dans les coffres de la Banque. — Mais s'ils sont aujourd'hui dans la circulation c'est qu'ils sont occupés; lorsqu'ils en seront retirés cela fera nécessairement un vide qu'il faudra nécessairement combler ; pour combler ce vide on s'adressera naturellement à la Banque, qui verra ainsi disparaître en moins de quinze jours la recette extraordinaire qu'elle aura faite au moyen de son appel de fonds.

Tout cela se réduira à un simple changement de place , à un mouvement de va-et-vient sans portée. La masse des valeurs circulantes ne sera pas augmentée, et la Banque aura, par cet appel de fonds, rendu les besoins momentanément plus grands. Lorsque les besoins seront réduits à ce qu'ils sont aujourd'hui, la Banque sera elle-même dans la position qu'elle a aujourd'hui, avec cette seule différence qu'elle aura en actif dans son portefeuille 109 millions de plus en papier de commerce, et que son passif sera augmenté de 109 millions dûs, en plus, à ses actionnaires.

« Mais, dira-t-on, rien n'empêcherait la Banque d'imposer à ses nouveaux action-« naires l'obligation de verser le montant de leurs nouvelles actions en *espèccs* ; de cette « façon, avec 109 millions de plus en espèces, elle pourrait émettre 327 millions de « plsu en billets de circulation, d'où il résulterait une augmentation de 218 millions « sur les valeurs circulantes, et avec ces 228 millions on pourrait faire bien des « choses. «

D'abord il nous semble difficile que la Banque de France refuse de recevoir ses propres billets comme espèces ; cela serait d'un bien mauvais exemple, et on ne tarderait probablement pas à se repentir de l'avoir donné. Mais en admettant que cela fût possible, nous dirons que ce détour ne servirait absolument à rien, à moins que la Banque ne suspendît le remboursment de ses billets à vue pendant la durée de la souscription. Qui ne voit, en effet, que sans cela, ce serait la Banque elle-même qui fournirait ces espèces ; on les lui demanderait en paiement de ses billets à vue et on les lui verserait en paiement de la souscription ; ce serait là un jeu d'enfaut. — Si, dans le but de conjurer ce résnltat, la Banque suspendait le remboursement de ses billets à vue pendant la durée de la souscription, cela ne changerait rien au fond des choses ; l'opération que nous venons d'indiquer, au lieu de se faire la veille se ferait le lendemain de la souscription, voilà tout. Les espèces retirées par ce moyen violent de la circulation où elles ont leur emploi, auraient hâte d'y rentrer, et rien ne pourrait les en empêcher. — Au reste il serait heureux pour la Banque qu'il en fût ainsi, c'est-à-dire que l'équilibre se rétablît immédiatement, avant qu'elle eût pu augmenter la circulation de ses billets en raison de cet encaisse factice, car si l'équilibre ne se rétablissait que lentement, la Banque verrait de jour en jour aggraver sa position, et un beau matin, elle se trouverait avec 200 millions de plus en circulation sans avoir en caisse un centime de plus que ce qu'elle a aujourd'hui.

Que tout homme de bonne foi qui aura lu ces observations nous dise ce qu'il faut attendre de l'augmentation du capital de la Banque. N'est-il pas évident que cette augmentation, si elle avait lieu sans autre modification dans l'organisation de la Banque, serait une mesure nuisible au lieu d'être un remède utile ?

Bour résumer cette critique nous répéterons :

La crise financière ne vient pas de la rareté du numéraire, puisque le numéraire n'est pas plus rare aujourd'hui dans la circulation générale qu'il ne l'était avant la crise.

L'abrogation de la loi de 1807 et l'augmentation du capital de la Banque ne réussiraient pas à faire disparaître la crise, puisque sans augmenter d'un centime les ressources de la Banque ils accroîtraient les besoins et augmenteraient les exigences du public.

Nous croyous avoir suffisamment démontré qu'on se trompe généralement sur les causes auxquelles on attribue la crise financière, et sur l'efficacité des moyens proposés pour y remédier. Pour achever la tâche que nous nous sommes imposée, il nous reste maintenant à faire connaître la véritable, la seule et unique cause de cette crise, et à indiquer le moyen de la faire cesser, de la faire disparaître pour toujours, c'est-à-dire de manière à ce qu'elle ne se reproduise jamais en aucun temps, et quelles que soient les circonstances.

IV

VÉRITABLE CAUSE DES CRISES FINANCIÈRES EN TOUS LIEUX. — SEUL MOYEN D'Y METTRE UN TERME.

La véritable, la seule cause des crises financières, c'est l'organisation défectueuse des institutions de crédit. Ce vice d'organisation existe en Angleterre et en Allemagne aussi bien qu'en France ; il existe aux États-Unis aussi bien qu'en Europe, et c'est ce qui explique pourquoi, malgré la différence des circonstances, des temps et des lieux, tous les peuples commerçants et industriels ont à souffrir périodiquement des crises financières. Ces crises se ressemblent partout, parce que partout elles ont une commune origine, partout elles sont l'œuvre des institutions de crédit qui, procédant toutes du même principe et reposant sur une base fausse, conduisent toutes au même résultat. Aussi les observations que nous allons faire au sujet de la Banque de France qui nous intéresse plus particulièrement, s'appliquent-elles presque sans exception à toutes les autres institutions de crédit que possèdent l'ancien et le nouveau monde.

Nous avons dit précédemment que le loyer d'une chose est, en règle générale, proportionné à sa valeur vénale, et que le numéraire seul fait exception à cette règle, puisque nous voyons doubler son loyer en même temps que la valeur vénale diminue. Cette infraction aux lois du bon sens est due à la mauvaise organisation des institutions de crédit.

Chez tous les peuples civilisés, le crédit et le numéraire sont placés sur la même ligne, et ce serait justice si le crédit était bien organisé ; malheureusement cette bonne organisation n'existe nulle part.

Le numéraire est destiné à solder les affaires courantes, les détails de la vie quotidienne. Les besoins d'un pays, au point de vue du numéraire, sont donc proportionnés au chiffre de sa population.

Le crédit est la base des grandes opérations commerciales et industrielles ; il doit donc être proportionné au mouvement des affaires.

Il résulte de là que les fonctions du numéraire varient fort peu ; on pourrait dire qu'elles sont tous les jours les mêmes, la circulation du numéraire n'a besoin d'augmenter dans un pays qu'au fur et à mesure que la population augmente, c'est-à-dire lentement et progressivement.

Les fonctions du crédit ne sont pas aussi uniformes ; quand un pays est arrivé à un certain degré de civilisation, le commerce et l'industrie y prennent un développement beaucoup plus rapide que celui de la population, et, en outre, ce développement est forcément soumis à des intermittences. Pour être bien organisé, il faudrait donc que le crédit pût, sans inconvénient, suivre le mouvement des affaires, c'est-à-dire qu'il pût à volonté se développer ou se restreindre avec elles.

Nous allons voir quel est en France l'état des choses sous ce double rapport, et nous en déduirons la conséquence qui en résulte.

Nous possédons le système monétaire le mieux établi, le plus uniforme qui soit au monde. La fabrication du numéraire est réservée à certains établissements privilégiés, cela est vrai, mais ces établissemements sont ouverts à tout le monde, et avec un lingot le premier venu peut faire frapper des espèces moyennant une très-légère rétribution pour la main-d'œuvre. On peut donc dire que tout le monde a le droit de battre monnaie. Aussi, quoi qu'on en dise, le numéraire est-il toujours en rapport avec les besoins réels qu'il est destiné à satisfaire, c'est-à-dire avec les nécessités ordinaires de la vie quotidienne. Si les apparences ont quelquefois semblé démentir cette assertion, c'est parce qu'on exige trop souvent du numéraire des services qu'il n'est pas appelé à rendre.

En fait d'institutions de crédit, nous ne possédons que la Banque de France. Elle seule a le droit de fabriquer et d'émettre le signe représentatif du crédit, le billet de circulation. Lorsque le commerce et l'industrie ont besoin de crédit, il faut donc qu'ils s'adressent à elle. La Banque de France est assez solide et assez bien administrée pour disposer d'un crédit indéfini ; elle a le droit d'émettre autant de billets de circulation qu'elle le juge nécessaire, à la seule condition d'avoir en caisse une somme de numéraire égale au tiers de ses émissions. Il semble donc qu'elle doit être parfaitement en mesure de satisfaire à tous les besoins. Il n'en est pourtant pas ainsi, la Banque est entravée dans ses opérations par un vice de son organisation qui la met à la merci du moindre accident ; en sorte que souvent, au moment où elle devrait étendre sa circulation pour répondre aux besoins légitimes, elle se voit forcée de la restreindre, sans autre motif que la nécessité de satisfaire aux conditions de son existence. Pour atteindre ce résultat, elle cherche à éloigner la matière escomptable, et pour éloigner la matière escomptable elle élève le taux de l'escompte ; elle fait payer plus cher le loyer de ses instruments de crédit. — A l'instant même où la Banque entre dans cette voie, le numéraire qui est habitué à se modeler sur le crédit, en profite pour élever à son tour le prix de son loyer.

Il résulte de là que l'intérêt de l'argent s'élève ou s'abaisse non point en raison de la rareté ou de l'abondance du numéraire, mais en raison de la cherté ou du bon marché du crédit. Or comme le crédit dépend uniquement de la Banque de France, comme c'est elle seule qui le dispense, qui le restreint et en augmente le loyer, non point par fantaisie, nous le reconnaissons, mais quand les nécessités de son organisation vicieuse lui en font une loi ; la conséquence forcée de cet état de choses, c'est que l'élévation de l'intérêt de l'argent, la restriction du crédit et enfin les crises financières sont produites uniquement par la mauvaise organisation de la Banque de France, mauvaise organisation qui ne lui permet pas de maintenir sa circulation au niveau des besoins, même quand elle n'a pas l'ombre d'un danger à courir de la part de ceux qu'elle cautionne.

Nous garantissons que si un jour le crédit est bien organisé, le loyer du numéraire sera invariable ou à peu près ; il ne variera pas plus que sa valeur vénale.

Nous avons dit que la Banque de France est chez nous le seul établissement dispensateur du crédit ; ce n'est pas que nous blâmions ce monopole, nous croyons que la Banque de France pourrait, à elle seule, suffire à tout, si elle était placée dans d'autres conditions ; mais il nous semble qu'en concédant à une Banque un privilége aussi excessif, on devrait lui imposer l'obligation de prêter son crédit à quiconque présente les garanties suffisantes, et cela moyennant une rétribution uniforme qui ne devrait jamais varier.—On impose bien des tarifs aux chemins de fer ; pourquoi n'en imposerait-on pas aux Banques ? Qu'on ne dise pas que cela est impossible ! Cela se peut, cela sera.

La loi de 1807 est bien, dans ce sens, une espèce de tarif, et c'est là ce qui justifie son existence ; mais ce tarif, bon pour les prêts d'argent entre particuliers, prêts qui entraînent le dessaisissement d'une valeur effective , et pour lesquels d'ailleurs la concurrence est libre, ce tarif, disons-nous, est beaucoup trop élevé pour une banque privilégiée qui ne fait que prêter un crédit qui ne lui coûte rien.

Nous avons dit que la véritable, la seule cause des crises financières, c'est l'organisation défectueuse des institutions de crédit, et nous avons démontré qu'en effet, chez nous, l'élévation du taux de l'intérêt et la restriction du crédit sont l'œuvre de la Banque de France ; œuvre involontaire, sans doute, mais résultat inévitable d'une organisation défectueuse. Nous allons préciser maintenant le reproche que nous adressons aux institutions de crédit actuellement existantes.

Ce qui cause l'insuffisance des institutions de crédit, en général, c'est l'instabilité de la base sur laquelle elles reposent, base qui est essentiellement fragile et mouvante.

Ainsi pour la Banque de France le chiffre des billets de circulation qu'elle peut émettre est basé sur l'importance de sa réserve métallique, c'est-à-dire que sa puissance d'action, la somme des services qu'elle peut rendre, sont subordonnées à l'importance de sa réserve métallique. Or, rien n'est moins stable que cette réserve métallique; il arrive toujours infailliblement qu'elle augmente quand on a moins besoin, et qu'elle diminue quand on en a le plus besoin; c'est-à-dire que plus le développement du crédit est nécessaire au commerce et à l'industrie, plus la Banque doit s'occuper des moyens de le restreindre. — Conçoit-on qu'on ait jamais pu se laisser aveugler au point de mettre la prospérité d'une grande nation à la merci d'une pareille combinaison?

Si au moins cette malheureuse combinaison présentait quelques avantages susceptibles de compenser ses inconvénients, cela pourrait expliquer jusqu'à un certain point la faveur dont elle jouit; mais non, elle n'a rien, absolument rien pour elle; elle ne peut servir qu'à induire le public en erreur en lui faisant croire à la réalité d'une chose impossible.

Le but hautement proclamé de la réserve métallique est d'assurer le remboursement *à vue* des billets de circulation; or, ce remboursement *à vue* est une chose matériellement impossible dans les temps de crise, c'est-à-dire quand tout le monde veut être remboursé à la fois. Dans les temps ordinaires, il n'y a pas nécessité de recourir à la réserve pour assurer la régularité de ce service, les recettes courantes suffisent pour y pourvoir. Ainsi donc, inutile en temps ordinaire, complétement insuffisante en temps de crise, la réserve métallique ne sert qu'à rendre mobile, comme elle-même, l'assiette du crédit et à retirer de la circulation une masse considérable d'espèces qui se trouve ainsi annihilée sans profit pour personne.

D'où vient cette mobilité si dangereuse de la réserve métallique? Elle vient uniquement de ce que les billets de circulation sont *payables à vue*. Il n'est pas nécessaire de démontrer la conséquence de cette stipulation *payable à vue;* on voit de suite qu'elle doit avoir pour effet infaillible de mettre la réserve métallique de la Banque à la merci des circonstances.

Ainsi donc, en remontant des effets aux causes, on voit que :

Si l'élan de la prospérité nationale est paralysée, c'est grâce à la crise financière dont nous souffrons.

Si nous souffrons d'une crise financière, c'est parce que la circulation fiduciaire n'est pas en rapport avec les besoins du moment.

Si la circulation fiduciaire n'est pas en rapport avec les besoins du moment, c'est parce que le commerce et l'industrie ne trouvent pas à la Banque les facilités ordinaires d'escompte et d'emprunt contre garanties suffisantes.

Si le commerce et l'industrie ne trouvent pas à la Banque les facilités ordinaires d'escompte et d'emprunts, c'est parce que la Banque est entravée dans l'émission de la valeur qui lui sert à solder les escomptes et les emprunts, c'est-à-dire dans l'émission de son papier de crédit, de ses billets de Banque.

Si la Banque est entravée dans l'émission de ses billets, c'est parce que depuis longtemps elle a toutes les peines du monde à maintenir l'équilibre voulu entre le chiffre de sa réserve métallique et celui de ses billets de circulation ; en sorte que ne pouvant parvenir à élever le chiffre de sa réserve, elle est condamnée par cela même à ne pas augmenter le chiffre de sa circulation.

Si la Banque éprouve tant de difficultés, non-seulement pour élever sa réserve métallique, mais encore pour la maintenir en équilibre, c'est parce que malgré l'abondance du numéraire dans la circulation ordinaire, malgré les efforts faits par la Banque pour l'attirer dans ses coffres, ceux-ci se vident aussitôt qu'on les remplit.

Si les coffres de la Banque se vident à mesure qu'on les remplit, c'est parce que les billets de circulation sont payables à vue, ce qui entraîne les conséquences que voici :

Premièrement. La Banque est dans la nécessité de tenir sa caisse toujours ouverte, et d'échanger ses billets contre espèces à quiconque le demande, même quand c'est la peur, le plus mauvais de tous les conseillers, qui conduit les demandeurs à ses guichets.

Deuxièmement. Quiconque a besoin d'espèces pour l'exportation, ne se donne pas la peine de rechercher ces espèces dans la circulation générale, il se borne à se présenter à la Banque ; là il trouve au pair la provision qu'il n'aurait pu se procurer autrement sans payer une prime, puisque la Banque elle-même n'a pu se procurer que moyennant une prime ces mêmes espèces qu'elle lui donne au pair. C'est pour l'exportateur un moyen très-commode de diminuer ses peines et d'augmenter les bénéfices de sa spéculation, mais c'est pour la Banque une cause permanente de malaise qui la réduit parfois à un état d'impuissance complète. C'est par ce côté que l'exportation du numéraire tient à la crise ; cette exportation, bonne en elle-même, a de mauvais résultats, parce que au lieu de s'alimenter dans la circulation générale, elle se borne à puiser dans les coffres de la Banque.

Troisièmement. Enfin la Banque payant une prime pour se procurer du numéraire qu'elle donne à l'instant même au pair, rien n'est plus facile que d'établir sur cette donnée une spéculation qui n'offre aucune chance aléatoire, reprendre d'une main ce qu'on a donné de l'autre, en se faisant pour cela payer une bonne commission ; c'est vraiment trop facile et trop lucratif pour n'être pas mis en pratique.

Si, au lieu d'être *payables à vue*, les billets de Banque étaient *payables à époques fixes*, sauf dérogation en faveur des besoins légitimes, tous ces inconvénients disparaîtraient. La Banque, au lieu de rester constamment à la merci des événements ou des caprices, saurait, comme toutes les maisons bien réglées, sur quoi elle doit compter.

Elle ne serait plus en butte aux spéculations basées sur ses achats de numéraire.

Quiconque voudrait des espèces pour l'exportation, irait les chercher sur le marché et se les procurerait comme la Banque se procure elle-même celles dont elle a besoin. La spéculation serait moins bonne, cela n'est pas douteux; mais si le spéculateur ne la trouvait pas suffisamment avantageuse, il serait libre de s'en abstenir. Cela limiterait forcément l'exportation au trop plein de notre circulation, tandis que dans les conditions actuelles cette limite pourrait être facilement dépassée.

Enfin survienne un de ces moments de terreur panique qui, pour être ridicules, n'en ont pas moins les conséquences les plus funestes, la Banque pourrait dire aux peureux : « Prenez le temps de la réflexion, et quand vous aurez un billet échu, » venez, je vous donnerai des espèces. »

Donc avec des billets à échéances fixes, les coffres de la Banque ne se videraient pas comme aujourd'hui, sans motif ni raison, à mesure qu'on les remplit; le mouvement des espèces pourrait être réglé par les calculs d'une bonne administration, et d'une façon mathématique.

Si le mouvement des espèces pouvait être réglé par les calculs d'une bonne administration, rien ne serait plus facile que de maintenir la réserve métallique au chiffre voulu et même de l'élever à volonté selon les besoins.

Si le chiffre de la réserve métallique pouvait être élevé et maintenu à volonté, on pourrait, par cela même, élever à volonté le chiffre des billets de circulation.

Si le chiffre des billets de circulation, c'est-à-dire des billets de Banque, pouvait être élevé à volonté, la Banque serait toujours prête à donner au commerce et à l'industrie, moyennant garanties suffisantes, les facilités dont ils ont besoin.

Si le commerce et l'industrie trouvaient toujours à la Banque les facilités dont ils ont besoin, la circulation fiduciaire serait toujours en rapport avec les besoins du moment.

Si la circulation fiduciaire était toujours en rapport avec les besoins du moment, il n'y aurait jamais de crise financière.

Si nous n'avions jamais de crises financières, le développement de la prospérité générale suivrait régulièrement son cours.

Donc si la prospérité générale est aujourd'hui entravée, c'est parce que les billets de la Banque de France sont *payables à vue* au lieu d'être *payables à époques fixes*.

N'avions-nous pas raison de dire en commençant que le char de la prospérité nationale est arrêté par un grain de sable, et que pour le faire marcher il suffirait de le vouloir ? Est-ce une montagne à déplacer que ce simple changement à faire dans la contexture du billet de Banque ?

Nous connaissons les objections que la routine et le mauvais vouloir peuvent élever contre cette idée d'un billet de Banque payable à échéance fixe. Ces objections n'ont pas de portée sérieuse, nous l'avons démontré dans un travail qui est actuellement soumis à l'appréciation de l'autorité compétente ; nous nous dispenserons donc de nous y arrêter ici. Nous croyons plus utile de faire connaître notre pensée tout entière sur cette question de réforme des Banques de circulation.

La substitution du billet à *échéance fixe* au billet *à vue*, suffirait pour rendre au crédit toute l'élasticité dont il a besoin, mais elle ne suffirait pas pour constituer un établissement de crédit à l'abri de tout reproche. Dans l'état actuel des choses, la réserve métallique des Banques ne remplit pas le but de son institution, et elle a en outre l'inconvénient de retirer de la circulation une masse considérable de numéraire.

Avec le billet à échéance fixe la réserve métallique remplirait bien le but de son institution, mais elle conserverait l'inconvénient que nous venons de signaler ; et cet inconvénient irait tous les jours en augmentant parce que le crédit n'ayant plus d'entraves se développerait de plus en plus, ce qui entraînerait une augmentation progressive de la réserve des Banques.

D'un autre côté, pour peu qu'on réfléchisse, il est facile de reconnaitre que la réserve des Banques n'est point une garantie de solvabilité, puisque cette réserve ne peut se former qu'en augmentant le passif d'autant ; et il est certain que plus la circulation d'une banque se développe, plus la garantie qu'elle présente s'affaiblit en se divisant, Or il ne nous suffirait pas que la source de crédit fût inépuisable ; nous voudrions ensuite et surtout qu'il ne pût jamais s'élever aucun doute sur la valeur des instruments de crédit. Nous ne voudrions pas que le bon accueil qui leur serait fait fût basé uniquement sur la confiance qu'inspire une bonne admrnistration ; nous voudrions qu'il fût commandé par une garantie matérielle indépendante de toute considération morale, une garantie réelle, effective, impérissable, toujours proportionnée à la circulation. Pour atteindre ce but, nous supprimerions la réserve métallique, garantie illusoire, et nous la remplacerions par quelque chose de plus réel, d'infiniment plus sûr.

Nous entendons crier à l'impossible ! Pour répondre à cette négation, nous nous bornerons à donner une analyse succincte de la combinaison qui doit, dans l'avenir, remplacer ce qui existe aujourd'hui, et nous laisserons au temps le soin d'assurer son triomphe. Nous attendrons ce triomphe avec d'autant moins d'impatience qu'il nous parait plus certain. Une seule chose nous chagrine dans cette attente, c'est la perspective des maux que notre pays peut encore avoir à endurer jusque-là ; — car si on se borne à adopter l'un des expédients dont nous avons parlé précédem-

*ment et qui sont prônés aujourd'hui par des hommes qui devraient être mieux ins-
-pirés, le mal augmentera rapidement au lieu de diminuer. Il n'y a pas besoin d'être
prophète pour annoncer cela.

Voici quelle serait la combinaison dont nous parlons :

Le capital de la Banque serait divisé en deux parties bien distinctes ; il serait
formé au moyen d'une souscription d'actions de mille francs chaque ;

La première partie, qui n'aurait pas besoin d'être bien considérable (40 ou 50
millions), formerait le fonds de roulement ; elle serait réalisée en espèces.

La seconde partie dont le chiffre serait indéfini, formerait la garantie des billets de
circulation ; on l'augmenterait à mesure que la circulation des billets augmenterait ; — le montant de cette seconde partie du capital ne serait pas réalisé en
espèces ; les actionnaires ne seraient exposés à un appel de fonds qu'en cas de
liquidation avec perte ; ils devraient seulement donner des sûretés pour garantir
qu'en cas de besoin cet appel ne serait pas illusoire. Et comme il n'y a pas de
garantie plus sûre, plus invariable que la propriété foncière, les actionnaires de
cette catégorie donneraient hypothèque pour le montant de leurs souscriptions.

Toutes les actions, libérées ou non, participeraient au même titre à la répar-
tition des dividendes ; mais les souscripteurs des actions libérées recevraient en
outre l'intérêt légal des sommes versées par eux.

Le billet de circulation, au lieu d'être *payable à vue, serait exigible chaque année à la date correspondant à celle de sa création.* Le porteur ne serait pas tenu
d'exiger le remboursement à l'échéance, il ne serait exposé à aucune déchéance ;
seulement si le remboursement n'était pas demandé au jour fixé, il serait prorogé,
de droit, à la même époque de l'année suivante. — Enfin, toutes les fois que
le porteur d'un billet serait en mesure de justifier d'un besoin sérieux, il pourrait
se présenter à la Banque qui lui donnerait des espèces en échange de ce billet,
sans s'inquiéter de la date de l'échéance.

Ces dispositions, sagement combinées, constitueraient l'établissement de crédit
le plus solide et le plus complet qu'on puisse imaginer. Car cet établissement pouvant élever indéfiniment le chiffre de ses billets de circulation sans cesser de présenter la garantie matérielle la plus certaine, il pourrait prêter son crédit à tous ceux
qui le demanderaient, en offrant des garanties suffisantes ; il pourrait le leur prêter
à des conditions extrêmement modérées et toujours *invariables,* quelles que soient
les circonstances ; — il ne serait exposé à aucun des embarras que nous déplorons
aujourd'hui ; — il n'aurait jamais besoin de réclamer le cours forcé de ses billets ;
—dans les temps ordinaires, *il les payerait à vue,* sans s'inquiéter des échéances et
sans demander aux porteurs aucune justification, car dans les temps ordinaires on

ne va demander des espèces à la Banque que quand on en a réellement besoin ; — dans les temps de crise, il lui suffirait de s'en tenir à son droit pour se soustraire anx exigences de la peur et de la malvelilance, et pour empêcher ainsi tout désordre. — Ayant des échéances sagement calculées et échelonnées à chaque jour de l'année, il lui serait facile d'y faire constamment face, même dans les moments les plus critiques.

Tout cela est si évident, les avantages de cette combinaison (dont nous n'avons énoncé qu'une faible partie) sont si palpables, qu'on s'étonne qu'elle n'ait pas été adoptée plus tôt. Nous espérons qu'un jour elle le sera non-senlement en France, mais encore dans tous les pays civilisés. Cela nous paraît d'autant plus certain, que tous les établissements de crédit existant actuellement peuvent facilement se l'appliquer sans désorganiser aucun de leurs services, sans froisser les habitudes prises par le public.

Nous serons alors véritablement dans l'âge d'or du crédit, les crises financières auront disparu pour toujours de la scène du monde : — on ne verra plus la fortune publique osciller au gré des vents; baisser ou hausser selon qu'un navire porteur de quelques kilogrammes d'or aura mis quelques jours de plus ou de moins dans sa traversée. Un navire, fût-il complétement chargé d'or, ne sera pas attendu plus impatiemment que s'il était chargé de cuirve ou de coton. — L'or aura perdu l'importance exagérée qu'on lui a donnée dans ces derniers temps ; il aura repris le rôle modeste qui lui appartient; il sera devenu un agent utile et obéissant ; — il ne sera plus un despote aveugle et déraisonnable.

A. B.

Avril 1857.